RICHARD ROHR
Auf dem Weg nach Weihnachten

RICHARD ROHR

Auf dem Weg nach Weihnachten

Ein Begleiter
durch die Adventszeit

Aus dem Amerikanischen übersetzt
von Bernardin Schellenberger

FREIBURG · BASEL · WIEN

Auf dem Weg nach Weihnachten

Vor einigen Jahren hielt ich eine Vortragsreihe zur Vorbereitung auf Weihnachten *(Preparing for Christmas)*, die als Tonaufnahme veröffentlicht wurde. Da viele danach fragten, regte mich mein amerikanischer Verlag an, eine schriftliche Fassung auszuarbeiten. So ist das vorliegende Buch entstanden.

In meinen Vorträgen habe ich versucht, meine Zuhörerinnen und Zuhörer über ein bloß sentimentales Verständnis von Weihnachten als «Warten aufs Christkind» hinauszuführen. Ich wollte ihnen die Botschaft von der Menschwerdung Gottes in Jesus Christus erschließen, eine Botschaft, die sich an Erwachsene richtet und von sozialer Bedeutung ist. Ich bin Franziskanerpater, und wir Franziskaner haben immer geglaubt, dass in der Menschwerdung bereits die Erlösung geschieht, weil Gott schon in der Geburt Jesu deutlich macht: Gott ist auf unserer Seite, und es ist gut, ein Mensch zu sein.

Als ich diese Vorträge hielt, wurde mir deutlich, wie sehr diese Erde ein erwachsenes Christentum und die tatsächliche Botschaft Jesu braucht und wie wenig wir es zulassen dürfen, dass Weihnachten und die Adventszeit als Vorbereitung auf dieses großartige

Fest in irgendeiner Weise verharmlost und verwässert werden. Das gilt heute mehr denn je. Jesus selbst verstand als Inhalt seiner Botschaft den Anbruch dessen, was er das «Reich Gottes» oder die «Gottesherrschaft» nannte. Wir dagegen geben uns mit der Botschaft zufrieden, ein süßes, kleines Baby sei gekommen, eine Botschaft, die uns wenig abverlangt, was Hingabe, Begegnung, Studium der biblischen Schriften oder die tatsächliche Lehre Jesu betrifft. Sentimentalität im Sinne von Rührseligkeit kann eine Form davon sein, dass wir eine wirkliche Beziehung vermeiden oder sie durch Emotionalität ersetzen. Das kennen wir ja auch in unseren zwischenmenschlichen Beziehungen.

Wir müssen zugeben, dass wir ständig in Versuchung sind, die Begegnung mit dem biblischen Wort Gottes zu vermeiden, um stattdessen eine Privatfrömmigkeit aus Quellen zu pflegen, die gewöhnlich über wenig Kraft verfügen, uns zu verändern oder die Lieblingsvorstellungen unseres Ego infrage zu stellen. Das Wort Gottes dagegen führt uns die Wirklichkeit vor Augen, weist uns den Weg zur Umkehr und schenkt uns Stärkung und Trost – und zwar in dieser Reihenfolge. Die Herausforderungen durch Leid, Ungerechtigkeit und Zerstörung auf diesem Planeten sind derzeit so gewaltig, dass wir es uns einfach nicht länger erlauben können, uns mit einer Botschaft für die Kinderstube oder einem harmlosen «Christkindl» zufriedenzugeben. Genau genommen war das schon immer so.

«Jesus Christus ist der Herr!», und zwar der ganzen Schöpfung! Das war der Sammlungsruf der ersten Christen (Philipper 2,11, Apostelgeschichte 2,36, Römer 1,4 usw.). Diesem erwachsenen und kosmischen Christus rufen wir zu: «Komm, Herr Jesus!» (Offenbarung 22,20), und das sind die Schlussworte der Bibel. Das macht unser ganzes Leben als Personen und als Gemeinde zu einem einzigen großen «Advent». Ich hoffe, dieses kleine Buch hier kann wirksam dazu beitragen. Denken Sie daran: Es ist immer Advent – bis ans Ende der Tage.

Richard Rohr

Inhalt

1 Advent heißt Achtsamkeit 13
2 Welches Glück? 16
3 Christus für Erwachsene 19
4 Himmel auf Erden 22
5 Dein Reich komme! 25
6 Gottes Wahrheit 29
7 Johannes der Täufer 31
8 Maria von Nazaret 34
9 Josef und Maria 37
10 Im Dunkeln warten 40
11 Glauben 44
12 Weniger ist mehr! 47
13 Aus zwei mach eins 50
14 Mit Gegensätzen leben 53
15 Gott nachahmen 56
16 Unser Bild von uns selbst 59
17 Du findest, was du suchst 63

18	Die Autorität der Leidenden	66
19	Heilung und Gemeinschaft	69
20	Stimmen, die weiterführen	72
21	Wo alle eins sind	75
22	Prestige, Macht und Besitz	77
23	Konfrontation, Umkehr und Trost	80
24	Heiligabend: Rollentausch	83

Weihnachten – Das Fest 86

Bibelstellenverzeichnis 92

Zum Autor 94

Auf dem Weg nach Weihnachten

I
Advent heißt Achtsamkeit

Seid also wachsam; denn ihr wisst nicht, an
welchem Tag euer Herr kommt.
Matthäus 24,42

Jedes Jahr im Advent beten wir «Komm, Herr Jesus» – und die Worte dieses «Advent-Mantras» bedeuten: Die Geschichte des Christentums entsteht aus einer Leere, einer bewusst gewählten Unerfülltheit. Die vollkommene Fülle *wird* kommen; wir müssen sie nicht schon jetzt einfordern. So bleibt das Feld des Lebens weit offen – für die Gnade Gottes und eine von Gott statt von uns selbst geschaffene Zukunft. Diese Haltung der Offenheit entspricht genau der «Wachsamkeit», an die uns das Evangelium erinnert. Und in diesem Sinne bedeutet Advent: achtsam, hellwach, aufmerksam, ständig bereit, auf dem Sprung sein! Advent ist vor allem ein Aufruf zu voller Bewusstheit und zugleich eine Vorwarnung, dass das wache Bewusstsein einen hohen Preis kostet.

Wenn wir von unseren Beziehungen tiefste Befriedigung einfordern – wenn wir von der Geschichte verlangen, dass sie ganz nach unseren Vorstellungen verläuft – wenn wir beanspruchen, dass uns jegliche Angst und Unzufriedenheit genommen werden –, wenn wir sagen: «Warum warst du für mich nicht die Person, die ich brauchte? Warum hat mir das Leben nicht genau dies und jenes beschert?» –, dann weigern wir uns, dieses «Komm, Herr Jesus» zu sagen. Denn dann lehnen wir es ab, darauf zu warten, das Gott es ist, der das Bild zu Ende malt.

Das «Komm, Herr Jesus» ist der Sprung in jene Freiheit und Hingabe, die man zu Recht als die Tugend der Hoffnung bezeichnet. In der christlichen Überlieferung gehört die Hoffnung (mit Glaube und Liebe) zu den «göttlichen Tugenden», und damit ist die geduldige und vertrauensvolle Bereitschaft gemeint, ein Leben ohne endgültige Lösungen und Antworten zu führen und dabei zufrieden, ja sogar glücklich zu sein, weil wir Erfüllung von einer anderen Ebene erwarten und auf die Quelle unseres Lebens vertrauen, die jenseits unserer selbst liegt. Wir werden fähig, darauf zu vertrauen, dass Jesus kommen *wird*.

So, wie er in unsere Vergangenheit gekommen ist, wird er wieder in unsere Zukunft kommen, in unsere privaten Konflikte und in unsere leidende Welt. Dann wird für uns Christen die Vergangenheit zum Vorspiel von etwas Großartigerem, und das «Komm,

Herr Jesus» ist dann kein Schrei der Verzweiflung, sondern ein zuversichtlicher Ruf kosmischer Hoffnung.

Zum Nachdenken
Welche Erwartungen und Ansprüche können Sie loslassen, um sich besser auf das Kommen Jesu auszurichten?

2
Welches Glück?

Herr, ich bin nicht wert, dass du unter mein
Dach trittst. Aber sprich nur ein Wort, so ist
mein Knecht geheilt.

Matthäus 8,8

In der amerikanischen Unabhängigkeitserklärung heißt es, jeder Mensch habe ein «unveräußerliches Recht» auf das Streben nach Glück. Gott habe uns erschaffen, um «in dieser Welt und in der nächsten» glücklich zu sein, und Jesus sagt an verschiedenen Stellen das Gleiche (Johannesevangelium, Kapitel 14–17). Jesus betont allerdings – und darin wird der Unterschied beider Glücksvorstellungen deutlich –, dass ein Glück, das vom Leben eingefordert wird, niemals wirklich glücklich macht, weil das Streben danach zu narzisstisch und ichbezogen ist. Die «Freude, die die Welt nicht geben kann» (vgl. Johannes 14,27), kommt immer als Geschenk zu denjenigen, die auf sie warten, für sie offen sind und ihr in ihrem Inneren Raum schaffen. Die eine Vorstellung von Glück meint Selbstbehauptung, die andere Selbsthingabe.

Dort greift man nach der Freude, hier empfängt man sie. Das sind zwei völlig unterschiedliche Dynamiken im Menschen. Einen Schmetterling fange ich nicht, indem ich ihn jage, sondern ich verhalte mich still, und vielleicht setzt er sich auf meine Schulter. Er entscheidet sich für mich. Das ist das wahre Glück.

Wenn wir losziehen, um unser ganz privates Glück zu machen, steht am Ende oft ein selbst geschaffener Götze, der eines Tages stürzen wird. Denn sämtliche Versuche, sich ein möglichst umfassendes privates Glück zu sichern, mitten in so viel offen zutage liegendem Leid, müssen eine Illusion zugrunde legen, eine Täuschung über die Welt, in der wir leben. Das Glück für sich selbst sichern zu wollen ist nur möglich, wenn wir uns zu einem gewissen Grad gegen die Realität abschotten und die Solidarität mit der «anderen Seite» der Dinge aufkündigen, auch mit der anderen Seite unserer selbst.

Beide Seiten des Lebens sind gute und notwendige Lehrmeister; mehr noch: aus unserem Scheitern und unseren Fehlern lernen wir mehr als aus unseren Erfolgen. Man hat Scheitern und Erfolg als «die beiden Hände Gottes» oder als das «Paschamysterium» bezeichnet. Wir müssen sowohl mit unserer eigenen Finsternis als auch mit unserem Licht ringen, um voll und ganz Kinder Gottes zu werden. Aber natürlich wehren wir uns ganz besonders gegen «die linke

Hand Gottes», die gewöhnlich eine Form des Leidens für uns bedeutet (unter Leiden verstehe ich jede Erfahrung, in der wir die Kontrolle über uns und die Welt verlieren). In der Geschichte vom kranken Diener des Hauptmanns von Kafarnaum (Matthäus 8) ist es genau dieses Leiden, das den Offizier aus seinem komfortablen Haus treibt und dazu führt, Jesus in sein Haus einzuladen! Leiden und Solidarität mit den Leiden anderer geben die Kraft, in unserem Inneren «Raum zu schaffen». Sie dürften unsere wichtigsten spirituellen Lehrmeister sein.

Zum Nachdenken
Welche Bindungen in Ihrem Leben können Sie loslassen,
um mehr Raum für Gott zu schaffen?

3
Christus für Erwachsene

Niemand weiß, wer der Sohn ist, als nur der
Vater, und niemand, wer der Vater ist, als nur der
Sohn und wem es der Sohn offenbaren will.
Lukas 10,22

Die Wiederkunft Christi, auf die die Geschichte wartet, handelt nicht vom Kommen des Christkinds, nicht einmal vom historischen Jesus. Der historische Jesus war ein einzelner Mensch, und «Christus» ist nicht etwa sein Nachname. *Der Christus* umfasst die gesamte Schöpfung und Geschichte, die mit Ihm vereint werden – und auch Sie! Das nennen wir den «kosmischen Christus». Wir selbst sind Glied des Leibes Christi und des kosmischen Christus, auch wenn wir nicht der historische Jesus sind. Unser Glaube richtet sich zu Recht auf «Jesus Christus», und in diesem Bekenntnis sind beide Wörter wesentlich.

Weihnachten zu feiern heißt nicht, gefühlsselig auf die Geburt eines Babys zu warten, sondern ist vielmehr die Erwartung und die Bitte darum, dass die Geschichte geboren werde (siehe Römer 8,20–23)! Wir tun dem Evangelium keinen Gefallen, wenn wir aus Jesus, dem ewigen Christus, eine Art ewiges Kind machen, das uns kaum oder überhaupt keine erwachsenen Antworten abverlangt. Man kann sich sogar fragen, was für eine Geisteshaltung es war, die Jesus als Kindlein festhalten wollte. Vielleicht war das ein kindliches Christentum.

Mit einem Kind können wir zwar kuscheln und schmusen, aber eine Spiritualität, die zu sehr um das Jesuskind kreist, ist vermutlich noch nicht für ein richtiges Erwachsenenleben reif. Gott möchte eindeutig Freunde haben, Partner und Ebenbilder; das sagen uns die biblischen Texte recht klar. Offensichtlich will Gott eine erwachsene Religion, und er erwartet von uns eine reife, freie Antwort. Gott liebt uns als erwachsene Partner in gegenseitigem Geben und Nehmen, und Sie werden letztendlich der Gott, den Sie lieben. Nehmen Sie das als absolute Aussage.

Ich verstehe zwar, woher die Verehrung des Jesuskindes kam, wie sie zum Beispiel im «Prager Jesulein» ihren Ausdruck findet; aber diese Form der Verehrung reicht nicht im Entferntesten an die Kraft der biblischen Verkündigung heran, die uns eindeutig dazu auffordert, erwachsene «Mitarbeiter» Gottes (1 Korinther 3,9) zu werden, zur «Leidensgemeinschaft» mit Jesus bereit zu sein (Philipper 3,10) und «vollkommene Menschen» im «Vollmaß des Alters

Christi» zu werden (Epheser 4,13). Wir können uns das alles zutrauen, weil Gott es uns zuerst und am allermeisten zutraut. Der Christus, nach dem wir rufen und auf den wir warten, umfasst unsere eigene volle Geburt und die weitere Geburt der Weltgeschichte und der Schöpfung. Daher können Sie jetzt mit einem völlig neuen Verständnis und aus bewusster Leidenschaft rufen: «Komm, Christus Jesus!»

Zum Nachdenken
Welche Vorstellungen von Jesus und Christus sollten Sie dringend ändern?

4
Himmel auf Erden

Bereiten wird der Herr der Heerscharen allen Völkern auf diesem Berg ein Festmahl mit fetten Speisen, ein Mahl mit alten Weinen.
Jesaja 25,6

Manchmal kommt es mir schrecklich unfair vor, dass man von uns Predigern und Lehrern immerzu Neues erwartet – denn Jesus hatte im Grunde nur eine einzige Predigt, die er in unterschiedlicher Weise immer wieder vortrug: Er kündigte die Gegenwart dessen an, was er das «Reich Gottes» oder die «Gottesherrschaft» nannte. Er sagte, das Reich Gottes «sei wie» oder es lasse sich «vergleichen mit» (siehe Matthäus 13). Jesus gebrauchte Geschichten, Gleichnisse und Bilder, um uns verständlich zu machen, was für ihn so offensichtlich war, uns dagegen nicht. Religion braucht eine Sprache der Bilder und Vergleiche, weil sie auf eine transzendente Wirklichkeit verweist. Jesus wies uns an, darum zu beten, dass uns «auf Erden» dieses Geheimnis so offensichtlich werde «wie im Himmel». Das Festmahl beispielsweise, das Jesaja beschreibt, findet ganz klar *jetzt* statt, aber es ist auch ein Bild für etwas, das erst noch kommen wird. Jesus forderte uns auf, voll und ganz zu sehen, nämlich zu sehen, dass die Innenseite der Dinge immer größer ist als die bloße Außenseite.

Das, was mit dem Wort «Reich Gottes» gemeint ist, lässt sich mit «Gesamtbild» übersetzen, und daran werde ich mich im vorliegenden Buch halten. Das Reich Gottes oder die Gottesherrschaft ist die Wirklichkeit, so wie sie objektiv, in Wahrheit, endgültig ist. Jesus lädt uns immer wieder dazu ein, unser Leben vor dem Hintergrund dieses endgültigen, alles umfassenden Bildes zu führen, statt uns in momentanen Dramen, Verletzungen oder Pflichtenkatalogen zu verlieren. Auf Lateinisch ist vom Leben *sub specie aeternitatis* die Rede, womit gemeint ist, dass wir uns tagtäglich bei allem fragen sollten: «Ist das im Licht der Ewigkeit wirklich so wichtig?»

Es gibt ein einziges großes Drama, das alle unsere alltäglichen Emotionen, Verletzungen, Abhängigkeiten und Pläne relativiert und einordnet. Wenn Sie sich ins göttliche Selbst stellen, erscheint das kleine Selbst immer als begrenzt und ungewiss, als gut, aber vergänglich. Um zu wissen, wer wir wirklich und endgültig sind, müssen wir von einem anderen Tisch essen. Wenn wir aus der Mitte dieses großen inneren Lebensfestes leben können, das Jesaja so wunderschön beschreibt, werden die meisten vergänglichen Dinge genau das: vergängliche Dinge beim großen Festmahl der inneren Lebendigkeit in Gott.

Zum Nachdenken
Haben Sie sich schon einmal gründlich mit der Frage beschäftigt, was Ihr wahres Selbst und Ihr falsches Selbst ist?

5
Dein Reich komme!

Nicht jeder, der zu mir sagt: Herr, Herr! wird
in das Himmelreich kommen, sondern wer den
Willen meines Vaters tut, der im Himmel ist.
Matthäus 7,21

Wenn wir versuchen, aus der *Kirche* das Reich Gottes zu machen, verfallen wir in einen Götzendienst. Ich vermute, das meinte Jesus, als er die «Herr, Herr»-Rufer zurückwies. Wenn wir versuchen, aus dieser *Welt* selbst das Reich Gottes zu machen, werden wir immer in Groll und Enttäuschung enden. Und wenn wir das Reich Gottes erst im Himmel vermuten, verkennen wir die verwandelnde Kraft seiner Botschaft. Wir warten weder auf das Kommen einer idealen Kirche noch irgendeiner vollkommenen Welt hier und jetzt noch auf eine bloß zukünftige Welt. Das Reich Gottes ist mehr als all das. Es ist immer da und nicht da. Es ist zugleich jetzt und noch nicht. Keine Institution kann es verkörpern. Die Texte, in denen Jesus das Reich Gottes erklärt, zeigen das ziemlich klar. Jede falsche Religion beruht in gewissem Sinn auf einer Illusion. Dabei sprechen die Menschen fromm im einen Atemzug: «Dein Reich komme», setzen aber dann gleich im nächsten Atemzug hinzu: «Mein Reich komme!» Aber das Reich Gottes verdrängt und übersteigt bei Weitem alle Herrschaftsbereiche des Ichs und der Gesellschaft oder der persönlichen Verdienste.

So sagt Jesus an einer anderen Stelle: «Niemand kann zwei Herren dienen. Denn entweder wird er den einen hassen und den andern lieben oder an dem einen hängen und den anderen verachten» (Matthäus 6,24). Unsere erste und endgültige Loyalität schenken wir immer nur einem einzigen Reich: entweder dem Reich Gottes oder dem unsrigen. In dieser Hinsicht können wir nicht schummeln. Der große Zusammenhang, das Gesamtbild wird deutlich, wenn Gottes Werk und Wille die Mitte einnimmt und wir froh darüber sind, unseren Platz in der Ecke des Rahmens einnehmen zu können. Das bedeutet, «den Willen meines Vaters im Himmel tun», und lässt das größere Schauspiel des Lebens und der Liebe sich entfalten.

Jesus lehrte eine größere Version dessen, was heute viele von uns damit meinen, wenn sie sagen, wir müssten «global denken und lokal handeln». Da ich Teil des Gesamtbildes bin, spiele ich tatsächlich eine Rolle, und zwar eine wesentliche. Aber weil ich nur ein Teil bin, liegt das Aufführungsrecht nicht bei mir

– und zum Glück nicht! In dieser Wahrheit steckt eine ungeheure Freiheit! Sie bedeutet: Wir sind von Natur aus wichtig und gehören dazu, aber wir tragen nicht die Last, unsere private Wichtigkeit zu produzieren oder aufrechtzuerhalten. Unsere Würde bekommen wir von Gott geschenkt, und damit sind wir von uns selbst befreit!

Und noch darüber hinaus: Die Verkündigung des Reiches Gottes befreit uns auch von sozialen Formen des Götzendienstes. Wir können nicht einerseits «Dein Reich komme» beten und andererseits unsere Rettung von der Stärke unserer eigenen Nation und unserer politischen Parteien, Militärs, Banken und Institutionen erwarten. Wenn das eigentliche Reich jemals kommen soll, müssen auch all diese Dinge in gewisser Hinsicht relativiert werden. Darum sprach Papst Johannes Paul II. so oft von «struktureller Sünde» und vom «institutionell Bösen». Wir können die Systeme dieser Welt möglichst klug «nutzen», aber nie an sie «glauben». Wir glauben nur an Gott! Jede universale Kirche und alle wirklich «katholisch», das heißt «allumfassend» gesinnten Menschen sollten die Ersten sein, die das begreifen: «Komm, Herr Jesus!» zu beten bedeutet, dass wir nicht allzu viel Zeit mit der Erwartung verschwenden sollten, dass andere «Herrschaften» uns endgültig retten könnten.

Zum Nachdenken
Von welchen «Herrschaften» müssen Sie sich verabschieden, bevor Sie in den Genuss des Himmelreichs kommen können?

6
Gottes Wahrheit

Dann werden, die verkehrten Sinnes waren, zur
Einsicht kommen, und die murrten, nehmen
Belehrung an.
Jesaja 29,24

Jesus sagt ganz klar, dass das Himmelreich mitten unter uns ist (Lukas 17,21), es ist «nahe» gekommen (Matthäus 3,2; 4,14). Wie konnten wir nur daraus ein Belohnungssystem für später machen, oder – wie das jemand genannt hat – «einen göttlichen Evakuierungsplan» aus dieser Welt? Vielleicht, weil es leichter war, sich an Gesetze zu halten und Rituale zu praktizieren, statt sich schon hier und jetzt verwandeln zu lassen.

Der Preis für eine echte Verwandlung ist hoch. Verwandlung bedeutet nämlich, dass wir unsere Loyalitäten gegenüber Macht, Erfolg, Geld und Kontrolle (sprich: «unsere Himmelreiche») gegen die Herrschaft Jesu und das Reich Gottes eintauschen müssen. Von da an gibt es nur noch ein einziges Absolutes, und im Verhältnis dazu ist alles andere relativ – ausnahmslos alles –, sogar die Kirche, sogar die eigene Nation, sogar die nationale Sicherheit, sogar unsere Macht und unsere Besitztümer, sogar unsere Identität und unser guter Ruf. Von da an müssen alle unsere Sicherheitsnetze zweit-, ja drittrangig werden oder sogar aufgegeben werden, denn Jesus ist der Herr! Worauf auch immer Sie Ihr ganzes Vertrauen und Ihre Sicherheit aufbauen, das ist in Wahrheit Ihr Gott, und das Evangelium spricht: «Wird der wahre Gott sich bitte zeigen!»

Es ist nicht schwer zu verstehen, warum es so wenige Menschen gibt, die ganz vom Reich Gottes her leben. Jesus sagt, all unsere Sicherungssysteme seien vergänglich und beschränkt und wir sollten nicht alles auf diese Karte setzen. Natürlich müssen wir innerhalb dieser Institutionen für soziale Ordnung und zumindest einen kleinen Grad von Gerechtigkeit arbeiten, aber wir sollten nicht mit der Illusion leben, diese Systeme könnten jemals aus sich heraus Gottes Gerechtigkeit oder Gottes Herrschaft herbeiführen. Falls jemand das allen Ernstes glaubt, wird er oder sie spätestens in seiner zweiten Lebenshälfte eine bittere Enttäuschung erleben.

Zum Nachdenken
Was in Ihrem Leben schenkt Ihnen ein falsches Glück und eine unechte Erfüllung und bewahrt Sie davor, dass Gottes Wahrheit in Ihr Leben einbricht?

7
Johannes der Täufer

> Johannes der Täufer verkündete: «Nach mir
> kommt einer, der stärker ist als ich; ich bin nicht
> wert, mich zu bücken und den Riemen seiner
> Schuhe zu lösen. Ich habe euch mit Wasser getauft,
> er aber wird euch mit Heiligem Geist taufen.»
> *Markus 1,7–8*

Johannes der Täufer war ein Mensch mit äußerst seltenen Eigenschaften, aber genau sie sind von entscheidender Bedeutung für jede Reform oder authentische Verwandlung von Menschen oder Gruppen. Aus diesem Grund konzentrieren wir uns jeden Advent auf Johannes den Täufer; und deshalb setzt Jesus sein Vertrauen auf ihn, akzeptiert sein unkonventionelles Naturritual jenseits des Tempelkults und geht zugleich weit über ihn hinaus. Johannes sagt, das Wasser, mit dem er tauft, sei nur wie ein Behälter, der eigentliche Inhalt sei Feuer und Geist. Wenn wir es dem großen Johannes darin nicht gleichtun, werden wir unausweichlich dazu kommen, an die Stelle des eigentlichen Inhalts unsere eigenen kleinen Behälter zu setzen. Wir werden Rituale an die Stelle der Realität setzen, statt uns von den Ritualen über die Wirklichkeit hinausführen zu lassen.

Johannes der Täufer ist die eigentümlichste Kombination aus Überzeugung und Demut, Moral und Mystik, radikaler Prophetie und Leben in der Gegenwart. Dieser Sohn aus der Klasse der Tempelpriester ist als Privilegierter geboren und kleidet sich wie ein Hippie. Er ist ein Superstar, der bereit ist, alles aufzugeben. Er schafft seinen eigenen Wassertaufritus und sagt dann, was in Wirklichkeit zähle, sei die Taufe «mit Geist und Feuer». Er ist ein lebendiges Paradox, und auch Jesus sagt von ihm: «Es hat keinen Größeren gegeben als Johannes den Täufer. Aber der Kleinste ... ist größer als er» (Matthäus 11,11) in der neuen Wirklichkeit, die ich heraufführe. Johannes versteht das, und zugleich versteht er es überhaupt nicht, und aus diesem Grund muss er im Drama so früh von der Bühne abtreten. Er hat seinen einmaligen und wichtigen Part gespielt, und er weiß das. Seine Spiritualität ist eine grandiose Spiritualität des Absteigens, nicht des Aufsteigens. «Jener muss wachsen, ich aber abnehmen» (Johannes 3,30).

Um derart frei von sich selbst zu werden, muss Johannes es schon von früher Jugend an, noch bevor er seine erfolgreiche Laufbahn antrat, gelernt haben, von sich selbst leer zu sein. Sein Ego stand solcher Freiheit so wenig im Weg, dass er es ganz loslassen konnte, und mit ihm auch die eigene Botschaft und sogar das eigene Leben. Das ist sicher der eigentliche Sinn des Bilds von seinem Kopf auf einer Schüssel (Matthäus 14,8.11)! Jemand hat geistreich gesagt, im Englischen sei «Ego» eine Abkürzung für *Edging God Out*, «Gott ganz ausschließen». Wir müssen ganz leer von unserem Ego werden, sonst können wir nicht über uns selbst hinaus auf Jesus verweisen, wie Johannes das getan hat. Ein solches Leerwerden fällt uns nicht in den Schoß, eine solche Demut kommt nicht von allein. Sie ist zweifellos das Endprodukt von tausend Augenblicken des Loslassens und tausend Akten der Hingabe, dank derer Johannes der Täufer Gott Schritt für Schritt ganz in sein Leben eingelassen hat.

Zum Nachdenken
Wie sieht Ihre Spiritualität aus: Ist sie eine Spiritualität des Aufstiegs oder des Abstiegs?

8
Maria von Nazaret

> Hättest du auf mein Gesetz geachtet, dann
> wäre einem Strom gleich dein Glück und
> deine Gerechtigkeit wie Meereswogen. Deine
> Nachkommen wären wie der Sand, wie seine
> Körner deine lieblichen Kinder. Nie würde dein
> Name ausgerottet noch ausgetilgt vor meinem
> Angesicht.
>
> *Jesaja 48,18–19*

Wie können auch wir Leben empfangen und weitergeben, wie Maria von Nazaret das tat? Wir neigen dazu, unser Leben eher zu organisieren als es einfach zu leben. Wir sind alle überreizt von Angeboten und ertrinken fast in der Vielzahl von Möglichkeiten. Wir werden trainiert, Manager unseres Lebens zu sein, Dinge auf den Weg zu bringen. So funktioniert unsere Kultur. Das ist nicht einfach schlecht, aber wenn wir diesen Erfahrungsstil auf unser spirituelles Leben übertragen, wird er zur reinen Häresie. Alles wird dann grundfalsch. Es funktioniert nicht. Es entspricht nicht dem Evangelium. Erfolg und Reichtum im wirtschaftlichen Sinn bedeuten noch nicht die geistliche Fruchtbarkeit, von der Jesaja spricht. Das Vertrauen, mit dem Maria Jesus empfangen und zur Welt gebracht hat, kam aus ihrem Wissen, wie spirituelle Gaben, ja, die spirituelle Gabe schlechthin, *empfangen* werden müssen. Maria ist vermutlich das vollkommene Bild dafür, wie Fruchtbarkeit und Fruchtbringen in diese Welt hereinbrechen.

Spirituelle Energie können wir nicht managen, lenken oder manipulieren. Es geht nur darum, loszulassen und das zu empfangen, was umsonst gegeben wird. Das geschieht, indem wir uns Schritt für Schritt von der Anhänglichkeit an unser kleines Ich lösen, so dass Raum geschaffen wird für Empfängnis und Geburt von etwas Neuem. Wenn sich etwas Neues einstellen soll, darf der Ort dafür nicht vollgestellt sein, sondern muss leer werden. Maria ist der Archetyp eines solchen Leerwerdens von sich selbst und des vollkommenen Offenwerdens für Neues. Wenn Jesus das Symbol der Gabe selbst ist, in dem wir erkennen, wie Gott eine Gabe schenkt, so ist Maria das Symbol dafür, wie wir die Gabe empfangen und als Schatz bewahren können. Alles, was Gott schenkt, wird immer als absolut unverdiente Gnade erfahren, nie als Bezahlung, Belohnung oder irgendeine Art von Verdienst. Wenn Sie also Letzteres bei einer Gabe empfinden, dann können Sie sicher sein, dass das Geschenk nicht von Gott stammt und Ihr Herz, Ihren Geist und Ihre Seele nicht weiter machen wird.

In Bezug auf Maria ist niemals die Rede von moralischer Würdigkeit, Leistung oder Vorbereitung, sondern nur von demütigem Vertrauen und von Hingabe. Daher gibt sie uns allen in unserem eigenen beschränkten Zustand eine abgrundtiefe Hoffnung. Wenn wir von uns aus versuchen, Gott zu «managen» oder anhand irgendeines Leistungsprinzips aus eigener Anstrengung unsere Würdigkeit unter Beweis stellen wollen, werden wir nie Christus zur Welt bringen, sondern immer nur uns selbst. Maria managt, fixiert, kontrolliert oder «leistet» nichts. Sie sagt einfach «Ja!» und bringt jene Fülle hervor, die Jesaja verspricht («Strom», «Meereswogen», Sand am Meeresufer). Das ist atemberaubend!

Zum Nachdenken
Auf welche Weise könnten Sie das Leben empfangen, statt es zu managen? Inwiefern schenkt Ihnen das Managen das Gefühl, wichtig zu sein? Inwiefern schenkt Ihnen das Empfangen das Gefühl, unwichtig zu sein?

9
Josef und Maria

Darum wird euch der Herr selbst ein Zeichen
geben: Seht, die junge Frau wird empfangen
und einen Sohn gebären und ihm den Namen
Immanuel geben.

Jesaja 7,14

Menschen, die vom Reich Gottes her leben, machen Geschichte. Sie sprengen die kleinen Herrschaftsbereiche dieser Welt für eine alternative und viel größere Welt, für die Schöpfung Gottes in ihrer Fülle. Menschen, die weiterhin im falschen Selbst leben, bremsen die Geschichte. Sie gebrauchen Gott und die Religion zum Schutz ihres eigenen Status und des Status quo der Welt, die sie am Leben hält. Oft sind das ängstliche Menschen, die harmlosen netten Leute jedes Zeitalters, die so denken, wie alle denken und über keinerlei Kraft zum Durchbruch verfügen, also zu dem, was Jesus mit den Eröffnungsworten seiner Predigt «Kehrt um!» meint (Markus 1,15; Matthäus 4,17).

Wie ist das überhaupt vorstellbar, dass Maria für diese Botschaft bereit sein konnte, wenn sie so dachte, wie es jedem braven jüdischen Mädchen beigebracht worden war? Sie musste bereit sein, sich von Gott völlig über ihren Erwartungshorizont hinaus, aus dem Bereich des Vertrauten und den gewohnten Pflichten ihrer Religion herausführen zu lassen. Sie war sehr jung und kaum gebildet. Vielleicht ist theologische Bildung aber auch gar nicht notwendig auf diesem Weg, sondern einfach nur Integrität und Mut. Nichts von alledem, was in der Synagoge gesagt wurde, hätte Maria und Josef auf diese Situation vorbereiten können. Sie mussten beide auf ihren Engel vertrauen! Welcher Bischof würde sich auf eine solche Situation einlassen? Sogar ich würde das nicht tun. Alles, was wir von Josef wissen, ist, dass er «gerecht war» (Matthäus 1,19), ebenfalls jung und vermutlich ungebildet. Das alles ist ein Affront für unsere Kriterien und Methoden, die wir anwenden, wenn es darum geht, jemandem eine besondere Authentizität zu bescheinigen.

Warum also lieben und bewundern wir Menschen wie Maria und Josef und ahmen dann doch nicht ihren Glaubensweg nach, ihren Mut, ihren Verzicht darauf, sich vom religiösen System bestätigen zu lassen? Maria und Josef waren zwei Laien, die ganz und gar ihrer inneren Gotteserfahrung trauten und sich von ihr nach Betlehem und weit darüber hinaus führen ließen. In den Evangelien ist nicht die Rede davon, dass sie ihre inneren Erfahrungen von den Hohenpriestern, der Synagoge oder wenigstens von der Heiligen Schrift der jüdischen Bibel überprüfen ließen. Maria und Josef gingen ihren Weg mit Mut und dem blinden Glauben, dass ihre Erfahrung wahr sei. Sie hatten niemanden, der ihnen versicherte, dass sie richtig lagen. Ihr einziges Sicherheitsnetz waren Gottes Liebe und Barmherzigkeit. Dieses Sicherheitsnetz müssen sie schon etliche Male zuvor ausprobiert haben, denn sonst wären sie nie dazu fähig gewesen, sich mit einer solchen anmutigen Leichtigkeit hineinfallen zu lassen.

Zum Nachdenken
Auf welche Weisen vertrauen Sie Ihrer eigenen inneren Autorität? Haben Sie Angst, Sie könnten rebellisch wirken, wenn Sie das täten? Waren Maria und Josef rebellisch?

10

Im Dunkeln warten

Begegnen werden sich Erbarmen und Treue,
Gerechtigkeit und Friede werden sich küssen.
Aus der Erde sprießt die Treue,
Gerechtigkeit blickt hernieder vom Himmel.
Psalm 85,11–12

Die Finsternis wird nie ganz aufhören. Ich war lange genug in der Seelsorge tätig, um zu wissen, dass die Finsternis nicht verschwindet, sondern das Johannesevangelium Recht hat: «Das Licht scheint in der Finsternis, und die Finsternis hat es nicht ergriffen», sie wird es aber auch nicht ersticken (Johannes 1,5). So sieht die christliche Form des Yin und Yang aus, unsere Weise an das Paradox und das Geheimnis zu glauben.

Wir alle müssen hoffen und aktiv darum bemüht sein, dass die Finsternis schwindet, vor allem auf dem Gebiet der großen sozialen Fragen unserer Zeit. Wir wünschen, der Hunger auf der Welt könnte ausgerottet werden. Wir wünschen, wir könnten die Vergeudung der Ressourcen der Erde für die Rüstung stoppen. Wir wünschen, wir könnten dem Skandal ein Ende setzen, dass Menschen vom Mutterschoß an und in jedem Lebensalter getötet werden. Aber ab einem gewissen Punkt müssen wir mit der Tatsache leben, dass die Finsternis schon immer da war, und einsehen, dass die Frage nur heißen kann: Wie nehme ich selbst das Licht auf und wie verbreite ich es in meiner Umgebung? Das ist genauso wenig eine Kapitulation, wie das Kreuz eine Kapitulation war. Es ist vielmehr die eigentliche Verwandlung in den absolut einzigartigen Charakter des auferstandenen Christus und die Übernahme seines Programms.

Unsere Aufgabe ist es, zu erkennen, was wirklich Finsternis ist, und dann zu lernen, wie wir schöpferisch und mutig mit ihr umgehen können. Anders gesagt: Nenn die Finsternis nicht Licht! Nenn die Finsternis nicht gut! Denn das ist die Versuchung, der viele erliegen, die sich ganz mit einer bestimmten (linken oder rechten) Weltanschauung identifizieren. Meist ist ihnen weder Weisheit noch Unterscheidungsvermögen beigebracht worden. Oft versuchen wir, unsere innere Spannung loszuwerden, indem wir die Finsternis nicht Finsternis nennen und so tun, als sei sie ein ganz passables Licht. Oder wir denken, wir könnten die innere Spannung abbauen, indem wir uns der Finsternis voll Zorn und wie besessen entgegenstellen; und werden

10. Dezember

dann ein Spiegelbild von ihr. Das kann für gewöhnlich außer einem selbst jeder leicht sehen.

Unsere christliche Weisheit besteht darin, dass wir die Finsternis Finsternis nennen und das Licht Licht und dass wir lernen, wie wir im Licht leben und aktiv sein können, so dass die Finsternis uns nicht überrollt. Wenn wir eine rosarote Brille tragen und mit der Einstellung leben, alles sei doch eigentlich wunderbar, geraten wir in Wirklichkeit in die Falle der Finsternis, denn wir sehen dann nicht klar genug, um den Weizen von der Spreu unterscheiden zu können (was die Versuchung vor allem der «Liberalen» ist). Wenn wir dagegen umgekehrt nur die Finsternis im Blick haben und das grundlegendere Licht vergessen, werden wir von unserer eigenen negativen Einstellung und unserem Fanatismus zerfressen, oder wir meinen naiverweise, wir selbst seien von der Finsternis ausgenommen (was die Versuchung vor allem der «Konservativen» ist). Weise ist es, stattdessen mitten in der Finsternis voll Hoffnung zu warten und aktiv zu sein und dabei niemals an dem Licht zu zweifeln, das Gott selbst immerdar ist – und das auch wir sind (Matthäus 5,14). Das ist der enge Geburtskanal Gottes in die Welt – durch die Finsternis hindurch in ein immer größeres Licht.

Zum Nachdenken
In welchen Bereichen Ihres Lebens versuchen Sie, die Finsternis zurückzudrängen, statt mit ihr als Lehrmeisterin und verwandelnder Kraft zu leben?

II
Glauben

So ist es auch nicht der Wille bei eurem Vater im
Himmel, dass eines von den Kleinen verloren geht.
Matthäus 18,14

Vierzehn Jahre lang war ich Gefängnisgeistlicher in Albuquerque (New Mexico, USA). Vor den Jungs und Mädels im Gefängnis zu predigen lohnt sich sehr. Sie sind längst nicht so verkopft, wie ich das im Lauf meiner Ausbildung geworden bin. Sie haben sich nicht in der Welt der Wörter verheddert, wodurch alles ganz verschwommen wird. Für sie ist ganz klar, was der Tod ist. Für sie ist klar, was Menschen zerstört, und zuweilen auch, wie es ist, Menschen zu zerstören. Ihre Seelen verfügen nicht über ausgefeilte Selbstschutz- oder Verdrängungsmechanismen, weil sie alle schon ganz unten waren. Im Gefängnis konnte ich beim Sprechen immer gleich zur Sache kommen, während ich in den Pfarreien oft «schön» predigen musste.

Ich hielt im Gefängnis jeden Sonntagvormittag drei Messen, die dritte davon mit den Frauen. Frauen im Gefängnis fühlen sich selbst immer besonders schlecht. In der Gesellschaft herrscht allgemein die Vorstellung, dass es für Männer irgendwie normaler ist, ins Gefängnis zu kommen; Männer sind eben schlecht. Dagegen gelten Frauen als gut: Frauen bekommen Kinder, Frauen sind einfühlsam, Frauen gehören nicht ins Gefängnis. Daher tragen Frauen im Gefängnis Schuld und Schande als besondere Last. Oft haben sie mich gefragt: «Warum bin ich nur hier? Was stimmt denn mit mir nicht?» Diese Frauen fühlten sich so schuldig, weil sie zu Hause Kinder hatten, deren Mutter jetzt im Gefängnis war. Wie kann eine Mutter ihren Kindern beibringen, dass sie im Gefängnis sitzt und sie der Vorstellung überlassen, dass Mama ein schlechter Mensch ist?

Diese Frauen müssen so tief in sich selbst hinabsteigen, wie Sie und ich es nie nötig hatten. «Religion» ist etwas, das für solche Frauen und Männer eigentlich nicht genügt. Sie müssen sich ihren Weg zurück zum Glauben freischaufeln, und wenn sie es schaffen, dann erreichen sie oft das, worum es wirklich geht. Oft hat man gesagt: «Religion» ist etwas für Menschen, die Angst vor der Hölle oder Angst vor Gott haben. «Spiritualität» dagegen ist für Menschen, die durch die Hölle gegangen sind und Gott «ertragen» haben.

Wir unbescholtenen Leute müssen uns unseren Weg zurück zum Glauben für gewöhnlich nicht freischaufeln. Wir kommen vielleicht für eine lange Zeit in unserem Leben mit einer äußerlichen Religion und einer höflichen Moral gut zurecht. Ich bin mir sicher, dass Gott jeden von uns führt und leitet, wenn auch auf unterschiedlichen Wegen, so dass eines Tages alle Religion aus Glauben, Liebe, Demut und Hingabe bestehen muss – oder eben keine echte Religion sein wird! Gott will nicht, «dass eines von den Kleinen verloren geht» (Matthäus 18,14), und jede und jeder von uns ist «eines dieser Kleinen», wenn auch auf seine je eigene Art.

Zum Nachdenken
Wann waren Sie schon einmal so verloren, dass Sie auf die tiefsten Grundlagen Ihres Glaubens zurückgreifen mussten?

12
Weniger ist mehr!

Sorgt euch also nicht und sagt nicht:
Was werden wir essen? oder: Was werden
wir trinken? oder: Was werden wir anziehen?
Denn nach all dem trachten die Heiden. Euer
himmlischer Vater weiß ja, dass ihr das alles
braucht. Sucht vielmehr zuerst das Reich und
seine Gerechtigkeit: dann wird euch all das
dazugegeben.
Matthäus 6,31–33

Noch nie in meinem Leben war ich umtriebiger als in der letzten Zeit. Und ich frage mich, mit welchem Recht ich noch von Stille und Kontemplation spreche, wenn ich selbst auf der Überholspur gelebt habe? Mir scheint, wir neigen zu der Vorstellung, dass «mehr» auch «besser» ist. Ich habe gehört, immerfort beschäftigt zu sein sei für uns heute tatsächlich ein Statussymbol! Eigenartigerweise sind wir Menschen gerade dann, wenn wir viel haben, besonders besorgt, dass wir zu kurz kommen – dass wir zu wenig haben, sehen, besitzen, festhalten, unter Kontrolle haben, verändern.

Als ich vor einigen Jahren in Nicaragua einen Mann fragte, ob er Zeit habe, gab er mir lächelnd zur Antwort: «Ich habe den ganzen Rest meines Lebens Zeit.» Wer von uns würde das wohl sagen? Zeit ist das, was wir nicht haben. Wir haben nicht den Rest unseres Lebens Zeit, weil wir nicht einmal im Jetzt unseres Lebens Zeit haben. Mit den Entscheidungen, die wir in unserer Vergangenheit trafen, haben wir bereits unser Morgen festgelegt. Die Kreditkarten und Hypotheken und das geplante Fälligkeitsdatum von fast allem, worüber wir verfügen, halten uns ständig auf Trab. Und wir wissen nicht recht, warum. Wir verfügen nicht über den Rest unseres Lebens. Alles ist schon im Voraus festgelegt. Alles ist im Voraus abgesichert, versichert und in seinen Untiefen abgewogen.

Wir sind mit allen möglichen zeitsparenden Geräten aufgewachsen, und zweifellos werden etliche von uns zu Weihnachten wieder ein paar mehr von diesen Geräten unter dem Weihnachtsbaum vorfinden, vielleicht eine programmierbare Kaffeemaschine, um beim Frühstück Zeit zu sparen, oder einen Schnellkochtopf, um das Mittagessen schneller hinzukriegen. Wenn wir viele solche Geräte besitzen, bauen wir größere Küchen, deren Reinigung mehr Aufwand und Energie erfordert, um darin noch mehr von unseren zeitsparenden Geräten lagern zu können. Alle diese Dinge sparen uns – keine Zeit!

Zeit ist das, was wir nicht haben. Was in einer Überflusskultur abnimmt, ist seltsamerweise die Zeit – zusammen mit Weisheit und Freundschaft. Das aber sind genau die Dinge, für die das Menschenherz geschaffen wurde, von denen es lebt und wofür es lebt. Kein Wunder also, dass wir so viele deprimierte, ungesunde und sogar gewalttätige Menschen hervorbringen und auf diesem armen Planeten einen großen Flecken verbrannter Erde hinter uns lassen.

Die Lehre Jesu ist klar: «Warum macht ihr euch solche Sorgen? Warum rennt ihr hinter allem Möglichen her wie die Heiden? Warum zerbrecht ihr euch den Kopf darüber, was ihr essen und was ihr anziehen sollt? Jeder Tag sorgt für sich selbst» (vgl. Matthäus 6,31.34). Aber aus irgendeinem Grund tun wir gerade das: Wir spulen die Vergangenheit wieder und wieder ab und machen uns Sorgen über die Zukunft. Daran können wir erkennen, dass wir die spirituelle Botschaft Jesu nicht recht verstanden haben. Jetzt bekommen wir von der Erde selbst diese Botschaft.

Zum Nachdenken
Welche ein, zwei Dinge brauchen Sie, um sich wohlzufühlen?
Womit müssen Sie aufhören, um das wirklich tun zu können?

13
Aus zwei mach eins

> Der Geist Gottes, des Herrn, ruht auf mir ... Er
> hat mich gesandt, den Armen die Frohbotschaft
> zu bringen, zu heilen, die gebrochenen Herzens
> sind, den Gefangenen Befreiung anzukündigen
> und den Gefesselten Erlösung.
>
> *Jesaja 61,1*

Der Geist Gottes verknüpft immer, er versöhnt, vergibt, heilt und macht aus zweien eins. Er überschreitet von den Menschen gezogene Grenzen, um das, was getrennt und einander entfremdet war, wieder ganz aufeinander auszurichten und zu erneuern. Das «Diabolische» (vom griechischen Wort *diaballein*, das «auseinanderwerfen» bedeutet) dagegen reißt immer auseinander und trennt, was vereint und im Frieden sein könnte. Genau wie Gottes Geist immer aus zweien eins macht, macht das Böse unvermeidlich aus einem zwei. Das Böse reißt das Gewebe des Lebens in Stücke, während Gottes Geist kommt, um es wieder zusammenzufügen, zu glätten und zu heilen.

In den vorangestellten Worten aus dem Buch Jesaja beschreibt der Prophet den kommenden Gottesknecht. Genau diese Textstelle zitiert Jesus ganz am Anfang seines öffentlichen Wirkens in der Synagoge von Nazaret, um damit die besondere Eigenart seines Dienstes anzukündigen (Lukas 4,18–19). Damit stellt Jesus seinen Auftrag vor, die üblichen Grenzen und Schranken des Anständigen und Angemessenen zu überschreiten, um wieder zusammenzufügen, was von der Gesellschaft an den Rand gedrängt oder ausgeschlossen wurde: die Armen, die Gefangenen, die Blinden, die unter die Räder Gekommenen. Sein Wirken besteht nicht darin, die sogenannten Guten in einem privaten Freizeitclub zu versammeln, sondern zu denen hinzugehen, die am Rand und ganz unten sind, zu den «Letzten», und ihnen zu sagen, dass sie in Wirklichkeit die Ersten sind! Das ist sozusagen die Arbeitsbeschreibung des Heiligen Geistes und daher auch Jesu.

Je mehr wir zusammenfügen, je mehr wir «vergeben» und zulassen können, je mehr wir mit einschließen und froh annehmen können, desto mehr bewegen wir uns dahin, im Geist Gottes zu leben. Je stärker wir das Bedürfnis haben, abzulehnen, dagegen zu sein, abzustreiten, auszuschließen und auszumerzen, desto offener werden wir für negative und destruktive Stimmen und liefern uns unseren eigenen schlimmsten Instinkten aus. Wie immer ist auch hier Jesus, der

Mann mit dem Geist Gottes, unser Vorbild im Heilen, Aufeinanderzugehen und Versöhnen.

Zum Nachdenken
Welche Trennlinien gibt es in Ihrem Leben? Wie können Sie es ermöglichen, dass der Geist Gottes diese Trennlinien aufhebt?

14
Mit Gegensätzen leben

Als Jesus in den Tempel ging und lehrte, kamen die Hohenpriester und Ältesten des Volkes zu ihm und sagten: Mit welcher Vollmacht tust du dies und wer hat dir diese Vollmacht gegeben. Jesus antwortete: Auch ich will euch eine Frage vorlegen … Woher war die Taufe des Johannes? Da überlegten sie miteinander: Sagen wir: Vom Himmel, so wird er uns erwidern: Warum habt ihr ihm dann nicht geglaubt? Sagen wir aber: Von Menschen, dann haben wir die Menschen zu fürchten, denn alle halten Johannes für einen Propheten. So antworten sie Jesus: Wir wissen es nicht. Da erwiderte er ihnen: Dann sage auch ich euch nicht, mit welcher Vollmacht ich dies tue.
Matthäus 21,23–27

Wie wird es möglich, dass wir uns intensiv und leidenschaftlich für etwas einsetzen und gleichzeitig dabei innerlich ganz frei bleiben? Wenn wir Gottes Willen suchen, statt den unsrigen, fällt uns das ziemlich leicht. Wir geben dann unser Bestes, sind aber frei von jedem Bedürfnis nach persönlichem Erfolg oder Erweisen der Dankbarkeit. Wir können uns dann in ein und demselben Augenblick unbekümmert kümmern. Das ist wahre spirituelle Freiheit.

Ist uns eine solche Vorstellung überhaupt noch zugänglich? Klingt das nicht doppelzüngig? Aber alle großen spirituellen Lehren haben unvermeidlich etwas Paradoxes an sich. So glauben wir zum Beispiel: Jesus ist ganz Mensch und zugleich ganz Gott. Maria ist Jungfrau und Mutter zugleich. Die Hostie in der Eucharistie ist Brot, und zugleich ist sie Jesus. Gott ist drei und einer zugleich. Das alles klingt nach logischen Widersprüchen, und deshalb muss das Verstandesdenken sich völlig umorientieren, wenn es hier verstehen will. Was auf einer Ebene ganz wahr ist, kann auf einer anderen überhaupt nicht wahr sein. Weisheit besteht darin, auf verschiedenen Ebenen gleichzeitig hören und sehen zu können, wie das Jesus ganz geschickt tut. Er ist ein klassischer nicht-dualistischer Denker, der es versteht, schöpferisch mit der geheimnisvollen und paradoxen Wirklichkeit umzugehen – und auch mit negativ eingestellten Menschen. Wer dagegen durch und durch dualistisch wahrnimmt und denkt, kann nicht lieben, vergeben oder geduldig sein.

Jesus lehnt es ab, sich auf feindselige und dualistisch denkende Leute einzulassen, die ihm eine falsche Alternative vorlegen. Wie oft in solchen Fällen bleibt er dabei ganz ruhig, wechselt das Thema, erzählt eine Geschichte, stellt die Frage in einen anderen Zusammenhang oder weigert sich einfach, sich auf Leute mit offensichtlich böser Absicht einzulassen. Er weiß, dass der Mensch immer genau zum Spiegelbild dessen wird, was er aggressiv ablehnt. So verweigert er hier einfach die Antwort. Erstaunlicherweise haben wir uns von Jesus ein Bild gemacht, in dem er auf alles eine Antwort weiß, wo er doch gewöhnlich genau das nicht tut: auf alles eine Antwort geben. Viel öfter führt er uns nur umso tiefer in unsere selbstgemachten Dilemmata hinein, bis dorthin, wo wir nicht mehr anders können, als uns Gott zu stellen und mit uns selbst ehrlich zu sein. Statt Probleme zu lösen, stellt Jesus uns vor Probleme, und zwar solche, die sehr oft mit einem Alles-oder-nichts-Denken nicht gelöst werden können, sondern nur mit Liebe und Vergebung.

Zum Nachdenken
Welche anscheinend unlösbaren Paradoxa gibt es in Ihrem Leben? Wie gehen Sie mit ihnen um: in Ihrem Gefühlsleben, in Ihrem Denken, in Ihrer Spiritualität?

15
Gott nachahmen

> Amen, ich sage euch: Die Zöllner und die Dirnen kommen eher in das Reich Gottes als ihr. Denn Johannes ist zu euch gekommen mit dem Weg der Gerechtigkeit und ihr habt ihm nicht geglaubt. Die Zöllner und Dirnen aber haben ihm geglaubt. Ihr habt es gesehen und habt euch später nicht bekehrt und ihm nicht geglaubt.
> *Matthäus 21,31b–32*

Hier spricht Jesus wiederum in Rätseln. Würde ich auf diese Weise reden oder schreiben, dann würden Sie mir wahrscheinlich vorwerfen, ich verträte einen moralischen Relativismus oder hätte eine unklare Denkweise! Wie können wir es lernen, mit solch verwirrenden Aussagen zu leben?

Dazu müssen wir zunächst einmal bereit sein, die Widersprüche in uns selbst zuzulassen und uns von Gott in unserer Unvollkommenheit lieben lassen. Wenn wir unsere Schattenseiten, unsere eigene Dummheit und unsere eigene Sündhaftigkeit erst einmal bewusst wahrnehmen und dennoch daran glauben, dass Gott uns nicht aufgegeben hat, dann werden wir zu einem lebendigen Paradox, das die Güte Gottes offenbart. Genau das brachten die Steuereintreiber und Prostituierten fertig, von denen Jesus spricht, und das hat sie verändert. Beachten Sie, dass die «guten Menschen» dagegen nicht dazu bereit waren, ihr Denken über sich selbst oder Gott zu ändern. Haben wir erst einmal begriffen, dass Gott mitten in unseren Widersprüchen lebt und dass seine Liebe nicht von unserer Vollkommenheit abhängig ist, dann überraschen uns Widersprüche in anderen Menschen nicht mehr und wir regen uns auch nicht darüber auf. Dann können wir mit den anderen viel geduldiger und barmherziger sein, denn wir haben es zugelassen, dass Gott mit uns genauso umgeht. Die Grundlage einer christlichen Ethik ist also nicht mehr und nicht weniger als eine «Nachahmung Gottes» (Epheser 5,1).

Ich bin ein Bündel von Widersprüchen und dennoch auch ein Heiliger. Ich bin ein sehr guter und zugleich auch ein sündiger Mensch. Ich kapiere das und sträube mich trotzdem dagegen. Stimmt denn beides? Ja, beides trifft immer und ewig zu, und aus irgendeinem wunderbaren Grund mag Gott das genau so. Glauben bedeutet, sich persönlich einem solchen Geheimnis auszuliefern – nicht auf einer theoretischen Ebene, sondern tagtäglich im eigenen Inneren. Die armen Dirnen hatten gar keine andere Wahl, und wenn wir ehrlich sind, haben wir auch keine. Das meine ich mit «sich in eine neue Denkweise einleben». Jede Änderung der eigenen inneren Einstellung ist zuerst einmal eine Änderung des Herzens, und wenn das Herz sich nicht ändert, halten neue Gedanken nicht lange an. Uns allen ist die «Erkenntnis des Heiles ... in der Vergebung der Sünden» geschenkt, wie Lukas im Evangelium schreibt (Lukas 1,77). Vergebung ist nicht etwas, das Gott tut, sondern Gott *ist* Vergebung. Vermutlich gibt es gar keinen anderen Weg, um Gottes Wesen zu erkennen, als sich täglich unter den Wasserfall der göttlichen Barmherzigkeit zu stellen und dann dieses Fließen weiterzuleiten.

Zum Nachdenken
Können Sie zumindest einen Ihrer inneren Widersprüche nennen? Glauben Sie, dass Gott Sie dennoch liebt? Können Sie sich selbst lieben?

16
Unser Bild von uns selbst

Nur im Herrn ist Heil und Kraft ... Im Herrn
aber werden siegreich und ruhmvoll sein alle
Nachkommen Israels.

Jesaja 45,24–25

Eines der Hauptprobleme im spirituellen Leben besteht darin, dass wir so stark an unserem – entweder positiv oder negativ besetzten – Selbstbild hängen. In gewisser Weise ist eine bestimmte Identität zwar unser Ausgangspunkt, aber wir dürfen die Vorstellung, die wir uns von uns selbst gemacht haben, nicht mit dem verwechseln, was wir in Wirklichkeit vor Gott sind. Vorstellungen über die Wirklichkeit sind nicht die Wirklichkeit selbst. Wir alle müssen uns zunächst ein Bild von uns selbst machen, aber problematisch wird es, wenn wir uns an dieses Bild hängen, das starke Bedürfnis entwickeln, es durchzusetzen und zu verteidigen und von anderen zu verlangen, dass sie es mögen. Was für eine Falle!

Glücklicherweise will der Geist Gottes uns von diesem Bedürfnis abziehen, damit wir, wie Jesaja sagt, schließlich nicht in unserem Bild von uns selbst, sondern in Gottes Bild von uns «siegreich und ruhmvoll» werden. Dazu gehört auf jeden Fall, dass wir unser Bild von uns ändern. Das Bild, das wir in den Augen Gottes darstellen (vgl. Galater 2,20–21), liefert eine viel dauerhaftere und solidere Grundlage. Ich lasse lieber jederzeit Gottes mildes Urteil über mich gelten als mein eigenes Urteil über mich, welches gewöhnlich recht streng ist. Und ich stelle jederzeit Gottes Bild von mir, das immer geduldig und barmherzig ist, höher als das Bild, das mein Nächster sich voreilig von mir macht. Gott sieht in mir immer Jesus, seinen Sohn, und ihn kann er nicht *nicht* lieben! (siehe Johannes 17,22–23). Das ist ein solides und dauerhaftes Bild von mir selbst. Da gibt es keine Hochs und Tiefs mehr.

Als ich Anfang der 1970er Jahre in Cincinnati mit der Seelsorge begann, kümmerte ich mich zunächst vor allem um junge Menschen. Die meiste Zeit verbrachte ich damit, so schien es mir jedenfalls, die Jugendlichen davon zu überzeugen, dass sie gut waren. Sie alle schienen sich abgrundtief selbst zu hassen. Später stellte ich fest, dass auch Erwachsene ständig an sich zweifelten und sich ängstigten. Sie mussten sehr viel Energie dafür aufwenden, sich mit sich selbst wohlzufühlen. Ihr Selbstbild basierte in erster Linie auf rein psychologischer Information und nicht auf theologischer Wahrheit. Das Evangelium aber gibt uns das Versprechen, dass wir objektiv und unverlierbar Gottes Kinder sind (vgl. 1 Johannes 3,2). Da geht es nicht um Würdigkeit auf einer psychologischen Ebene, sondern um etwas, das einfach da *ist*, anwest, den Kern der Wirklichkeit ausmacht; etwas, das man weder erwerben noch verlieren kann. Wenn wir dieses gottgegebene Bild zu unserem Selbstbild machen können, sind wir am Ziel, und das Evangelium erweist sich als die beste gute Nachricht, die wir uns überhaupt erhoffen können!

Ich bin der Überzeugung, dass es zu derart viel Schuldgefühlen, negativen Selbstbildern, Selbstverurteilungen und Selbsthass kommt, weil wir es zugelassen haben, dass wir Christen uns in einer Welt beheimaten und unsere Maßstäbe und unsere Identität aus einer Welt beziehen, von der Jesus uns nie gesagt hat, wir fänden hier die Normen für die Gestaltung unseres Lebens. Bei Johannes sagt Jesus: «Wie könnt ihr glauben, die ihr Ehre voneinander annehmt, die Ehre jedoch, die von Gott kommt, nicht sucht?» (Johannes 5,44). So halten sich viele von uns an ein entweder vorteilhaftes oder negatives Bild ihrer selbst im Rahmen eines Systems von Bildern, das von Anfang an falsch ist! Wir müssen unser wahres, «mit Christus in Gott verborgenes» Selbst finden, von dem Paulus spricht (Kolosser 3,3). Teresa von Ávila hat es so gesagt: «Finde Gott in dir und finde dich in Gott.» Dann gehen wir nicht ständig durch Hochs und Tiefs, sondern stehen fest gegründet auf dem Felsen der Ewigkeit.

Zum Nachdenken
Welches Ihrer (positiven oder negativen) Bilder von sich selbst steht Ihrer Beziehung zu Gott im Weg? Immer wenn wir in eine Abwehrhaltung geraten oder emotionale Hochs und Tiefs durchmachen, ist das ein Anzeichen dafür, dass wir an einem Bild von uns selbst hängen.

17
Du findest, was du suchst

Wozu seid ihr in die Wüste hinausgegangen? Ein
Schilfrohr zu sehen, das im Wind schwankt?
Lukas 7,24

Wonach halten wir Ausschau? Wann wird es kommen? Wir alle neigen dazu, vor allem auf das Ziel zu sehen statt auf den Weg selbst; aber spirituelle Einsicht lehrt, dass der Weg, den wir gehen, das Ziel bestimmt, an das wir kommen. Der Weg bestimmt den Ankunftsort. Wenn wir unseren Weg selbst manipulieren, landen wir bei einem manipulierten, selbstgemachten Gott. Wenn wir uns dagegen von der Liebe ziehen und auserwählen lassen, können wir am ehesten beim wahren Gott landen. Aber wir sehen uns stattdessen alle nach schnell wirksamen Methoden und Techniken um, damit wir «Gott erfahren» – fast so, als könne Gott zum Besitz unseres Egos, zur persönlichen Trophäe werden. Im Lukasevangelium fragen die Pharisäer und auch die Jünger Jesus, «wann das Reich Gottes kommt», und Jesus gibt ihnen zur Antwort: «Das Reich Gottes kommt nicht so, dass man es berechnen könnte. Auch kann man nicht sagen: Seht, hier! oder: Dort!» (Lukas 17,20–21a).

Mit anderen Worten, es lässt sich nicht leicht und offensichtlich lokalisieren, wie das diejenigen haben wollen, die in der Wüste einen Mann suchen, der alle Antworten weiß. Jesus warnt die Menschen, sie würden enttäuscht werden, weil sie nach dem Falschen suchten, indem sie nach dem Ganzen hier und jetzt suchen. Er sagt deshalb, Johannes sei sowohl «der Größte» und doch auch «der Kleinste» (vgl. Lukas 7,28). Darin steckt die Botschaft: Ja, das ist das Reich Gottes, aber es ist noch nicht ganz das Reich Gottes. Ja, es ist hier, aber es ist noch nicht ganz hier. Es ist dort, aber noch nicht ganz dort. Das Reich Gottes wird nie der Privatbesitz eines einzelnen Egos sein. Keiner von uns ist seiner würdig, und in Wirklichkeit geht es gar nicht um Würdigkeit. Sondern nur um Vertrauen. Niemand kann sagen: «Ich habe es.» Es ist immer eine Einladung, gerade genug, um uns tiefer hineinzuziehen. Gerade genug von Gott, um in uns das Verlangen zu schüren, mehr von Gott haben zu wollen. Aber immer sitzt Gott am Steuer. «Nicht ihr habt mich erwählt, sondern immer bin ich es, der euch erwählt» (vgl. Johannes 15,16).

Doch Gott sei Dank schließt Lukas das Wort Jesu über das Reich Gottes mit der Aussage: «Das Reich

Gottes ist (schon) mitten unter euch» (17,21). Das Evangelium macht deutlich, dass das Leben immer eine bunte Mischung für uns bereithält, aber es ist eine gute Mischung. Vom Reich Gottes kann man nicht einfach sagen: «Seht, hier!» Erst in der Ewigkeit weichen alle Schatten. Hier leben wir mit Glauben und Vertrauen im Dazwischen.

Zum Nachdenken
Inwiefern hält Sie Ihre Ausrichtung auf das Ziel davon ab, den Weg zum Ziel wirklich zu gehen?

18
Die Autorität der Leidenden

Der «Stammbaum Jesu Christi, des Sohnes
Davids, des Sohnes Abrahams» führt Tamar,
Rahab, Rut und die «Frau Urijas» auf. Von
letzterer scheint es dem Verfasser zu peinlich
gewesen zu sein, den Namen zu nennen: Batseba.
Siehe Matthäus 1,3.5.6

Der Stammbaum Jesu im Matthäusevangelium ist ein literarisches Stilmittel, nicht etwa um eine historisch zutreffende Chronik zu liefern, sondern um eine eine brillante theologische Aussage zu machen. Das Erstaunliche ist, dass darin bewusst vier ausländische Nichtjüdinnen aufgenommen sind, von denen mindestens drei es mit der Tugend nicht so genau nahmen oder sogar «öffentliche Sünderinnen» waren. Warum riskiert das Evangelium, solche Frauen in die Kette der Vorfahren Jesu einzureihen? Damit soll ganz eindeutig ausgesagt werden, dass Jesus genau wie wir alle der gewöhnlichen, menschlichen, gebrochenen, sündigen, leidenden Welt angehörte. Er hatte mit seiner Geburt voll und ganz den Zustand des Menschen akzeptiert und damit bereits den ersten Schritt in

Richtung Kreuz getan. Diesem vollen, anverwandelten Menschsein verdankte Jesus während seiner irdischen Lebenszeit seine Autorität. Halten Sie sich vor Augen, dass ja niemand wusste, dass er der Sohn Gottes war; man vertraute ihm aus anderen Gründen.

Was schenkt jemandem von uns die praktische Autorität, zu lehren und zu predigen und das Leben anderer Menschen zu verändern? Ist das die Priesterweihe? Ist es das Amt? Sind es Familie und Vorfahren? Oder Kleidung und Titel? Jesus verfügte zu seinen Lebzeiten über eine Autorität, die keiner von außen kommenden Bestätigung bedurfte. Er hatte Autorität, weil seine Botschaft so authentisch war und seinem Weg durch Tod und Auferstehung eine derart verwandelnde Kraft innewohnte. Er verdankte seine Autorität dem Umstand, dass er ein echter Mann des Geistes war. Noch heute ist das die Grundlage spiritueller Autorität. Mehr als durch die Berufung auf Heilige Schrift, Sakrament und Weihe ergibt sich wahre Autorität aus der Tatsache, dass einer «den Kelch trinkt, den ich trinken muss und auch ihr trinken müsst» (vgl. Markus 10,38). Jesus hat hier sehr deutliche Worte gefunden, und dennoch möchten wir gerne auf Thronen zu seiner Rechten und seiner Linken sitzen (vgl. Markus 10,37).

Spirituell gesprochen erwächst Autorität daraus, dass ein Mensch Prüfungen und Finsternis durchsteht und auf der anderen Seite sogar freier, glücklicher, lebendiger und ansteckender herauskommt. Verwandelte Menschen verwandeln andere Menschen. Das stimmt auch heute noch. Aus diesem Grund predigte Jesus «den Armen», denn sie sind in der einzigartigen Lage, das Evangelium in seiner ganzen Tiefe anzunehmen. Für die Leidenden ist «Erlösung» keine abstrakte spirituelle Theorie, sondern eine Überlebensstrategie. Diese Menschen befinden sich im Stadium der «Genesung», und sie verfügen über eine starke Kraft, Einfluss zu nehmen und Veränderung zu bewirken, denn sie sprechen wie jemand, «der Macht hat, und nicht wie die Schriftgelehrten» (Markus 1,22), die nur ihr Buchwissen aus dem Seminar lehren. Nur dort, wo wir selbst uns verändert haben, wo wir gelitten haben und geheilt wurden, sind wir in einer Position, in der wir wirksame Veränderungen bei anderen anstoßen können. Nach einer gewissen Zeit macht sich das deutlich bemerkbar.

Zum Nachdenken
Welche Form der Armut können Sie an sich selbst finden, die Ihnen helfen könnte, für Gott offener zu sein?

19
Heilung und Gemeinschaft

Zacharias und Elisabet hatten kein Kind, weil
Elisabet unfruchtbar war, und beide waren schon
in vorgerücktem Alter.
Lukas 1,7

In der Bibel begegnen immer wieder unfruchtbare Frauen wie Elisabet, die Mutter von Johannes dem Täufer: Das Thema «Unfruchtbarkeit» gibt es bei den Frauen der Patriarchen derart oft, dass man sich fast fragt, ob in Israel mit dem Wasser etwas nicht gestimmt hat. Aber vielleicht ist Unfruchtbarkeit ein Symbol für etwas anderes. Womöglich geht es bei all diesen Heilungsgeschichten nicht so sehr um medizinische Genesungen, sondern um sehr reale Verwandlungen. Jesus wollte meistens gar nicht, dass die Leute seine körperlichen Heilungswunder weitererzählten. Wundert uns das? Wissen wir, aus welchem Grund er das tat? Weil es ihm nicht um die bloße medizinische Genesung ging. Allerdings bleiben die meisten Menschen dabei stehen.

In den vier Evangelien werden mehr Heilungen von Aussätzigen erzählt als von jeder anderen Krankheit. Man hat den Eindruck, Jesus heilt ständig Aussätzige. Tatsächlich hatte im Neuen Testament der Begriff «Aussatz» eine breite Bedeutung. Damit war nicht nur das gemeint, was wir heute als Lepra bezeichnen. «Aussätzige» waren Menschen, die man aus irgendeinem Grund als physisch inakzeptabel beurteilte. Es waren Menschen, die als tabu, ansteckend, behindert, gefährlich galten und aus allen möglichen Gründen ausgeschlossen wurden. Die Botschaft war anscheinend immer die: «Du liegst falsch» oder «Du bist als Mitglieder der Gesellschaft nicht akzeptabel». Das tut jede Gesellschaft mit bestimmten Menschen, und auch wir tun das, heute eben auf andere Weise und nach anderen Kriterien.

Wenn Jesus sich von Aussätzigen ansprechen lässt, berührt er sie immer, und oft führt er sie dann oder schickt sie an einen neuen Ort. Es gehört immer dazu, dass er sie in die Gemeinschaft zurückführt und ihnen darin wieder einen Status und Akzeptanz verschafft. Darin besteht die Heilung! Die Aussätzigen sind nicht länger Ausgestoßene. Der Evangelientext betont auch stets den physischen Kontakt Jesu mit den Aussätzigen, was natürlich auch ihn unrein macht. Das Mitleid Jesu mit ihnen ist also letztlich auch ein Akt der Solidarität mit dem Schmerz der Aussätzigen. Er tauscht sozusagen mit ihnen den Platz. An mehreren Stellen wird das im Evangelium ausdrücklich gesagt, wenn es heißt, Jesus habe anschließend nicht in die Stadt gehen können (siehe zum Beispiel Markus 1,45).

Die unfruchtbaren Frauen und die Aussätzigen sind natürlich Bilder für uns selbst, Bilder des «Davor». Und Frauen, die Leben in sich tragen, Aussätzige, die wieder in die Gesellschaft eingegliedert sind, sind ebenfalls Bilder für uns selbst, jetzt im Zustand des glücklichen «Danach». Sie zeigen die Auswirkung einer authentischen Gottesbegegnung: Wir werden spirituell fruchtbare, in die Gemeinschaft eingebundene Menschen.

Zum Nachdenken
Kennen Sie jemanden, der aus Ihrer Gemeinde oder Gemeinschaft ausgeschlossen wurde und den oder die Sie wieder zurückholen und somit heilen könnten?

20
Stimmen, die weiterführen

Maria erschrak über das Wort des Engels Gabriel
und sann nach, was dieser Gruß bedeuten solle.
Lukas 1,29

Religiöser Gehorsam bedeutet: die Sorgen um die Konsequenzen in gewisser Weise loszulassen und einem größeren Zusammenhang zu vertrauen. Das tut Maria hier in der großartigen Verkündigungsszene. Wir lassen uns im Glaubensgehorsam auf etwas ein, weil es auf einer tieferen Ebene wahr ist, weil wir uns vielleicht auf einer tieferen Ebene angesprochen fühlen, und zwar nicht, weil es unverzüglich funktioniert, sinnvoll erscheint oder «Erfolg» verspricht. Oft müssen wir zunächst eher unangenehme Konsequenzen auf uns nehmen und darauf vertrauen, dass langfristig Größeres und Besseres kommt. Mutter Teresa sagte gern: «Wir sind nicht erschaffen, um erfolgreich, sondern um gehorsam zu sein.» Gehorsam sein heißt, seiner eigenen innersten Stimme treu zu bleiben, denn sie ist der einzige Weg, auf dem Gott zu uns sprechen kann. Das bedeutet aber, dass wir fähig sein müssen, auf unser Inneres zu hören! Wir müssen darin geübt sein, betend auf unser Unbewusstes zu horchen, auf andere zu hören und sogar «Engel zu beherbergen, ohne es zu merken» (vgl. Hebräer 13,2). Wie anders hätte Maria für die Botschaft Gabriels bereit sein können?

Früher oder später werden wir alle sagen müssen: «Ich muss tun, was ich tun muss», wie das Franz Jägerstätter (1907–1943) tat, der österreichische Bauer, der so gut wie im Alleingang Hitler die Stirn bot. Haben Sie schon jemals auf diese Weise den Anspruch des Wortes Gottes auf Ihr Leben erfahren? Dass Sie sagen mussten: «Ich weiß, dass ich das tun muss. Meine Familie versteht das nicht, meine Freunde kritisieren mich, aber ich weiß: Das ist das Wort, das mir jetzt ins Herz geschrieben ist.» Zu solchen Zeiten muss man sich sehr einsam fühlen und man wird von Zweifeln geplagt. Aber nachdem alles gesagt und getan ist, bleibt mehr als alles andere der unbändige Wunsch, Gottes Willen zu entsprechen. Menschen, die ihre Mitte in Gott statt nur in sich selbst haben, hören immer Stimmen, die weiterführen. Solche Menschen wissen, was sie tun müssen, ohne das beweisen zu können. Franz Jägerstätter wurde inzwischen seliggesprochen; aber zu seiner Zeit wurde er von seiner Kirche nicht unterstützt, weder von der kirchlichen Lehre, noch von seinem

Bischof oder Gemeindepfarrer und nicht einmal von seiner Frau (das erzählte sie mir persönlich, mit Tränen in den Augen).

Maria sprach ihr «Ja» in der Finsternis des Glaubens. Sie hatte keine Sicherheit; kein Schriftzitat, keine Lehre und kein Papst lieferten ihr Gewissheit. Sie hörte einfach, was sie hörte, und tat, was Gott ihr sagte, dass sie tun sollte, und nahm die Konsequenzen auf sich. Sie hatte genug innere Autorität, um nicht auf eine Menge äußerer Autoritäten angewiesen zu sein.

Zum Nachdenken
In welcher Hinsicht haben Sie den unbändigen Wunsch, Gottes Willen zu erfüllen?

21
Wo alle eins sind

Selig, die geglaubt hat, dass sich erfüllt, was ihr
vom Herrn gesagt wurde.
Lukas 1,45

Wenn es um die Gabe der Kontemplation geht, ist jede große Religion in der Welt zu ganz ähnlichen Schlüssen gekommen. Alle Religionen – Hinduismus, Judentum, Buddhismus, die fernöstlichen Religionen – sind sich darin einig – wenn auch jede auf ihre Weise –, dass wir letztlich zu einer Bewusstseinsverwandlung berufen sind, zu einer neuen Art des Denkens oder spirituellen «Wiedergeburt». Jede Religion hat dafür andere Worte und vermutlich auch unterschiedliche Erfahrungen, aber in gewisser Hinsicht weisen sie alle in Richtung des Einswerdens mit Gott. Einswerden ist das Thema der Religion. Irgendwie im bewussten Einssein mit Gott zu leben, ist das, was «erlöst» oder «gerettet» sein bedeutet.

Das lateinische Wort *religio* bedeutet übersetzt «wieder anbinden»: die Wirklichkeit wieder miteinander verknüpfen, alle Dinge wieder zusammenfügen, damit wir so wie Jesus erkennen, «dass ich und der Vater eins sind» (vgl. Johannes 10,30). In dieser Einheit zu leben bedeutet, voller Freude den großen Zusammenhang zu erfahren, an einem Ort zu leben, wo alles eins ist, «ich in ihnen und du in mir» (Johannes 17,23). Wenn die Weltreligionen zu solcher Reife gelangen, dann wird die Weltgeschichte in neuen Bahnen verlaufen. Sie wird nicht mehr von Wettbewerb, Rivalität, gegensätzlichen Kulturen oder kriegerischen Auseinandersetzungen angetrieben werden, sondern von Menschen, die wirklich verwandelt sind (siehe Galater 6,15–16). Solche Menschen werden die Welt verändern, wie Maria das tat, und sie werden das deshalb tun, weil sie wissen, dass nicht sie es sind, die diesen Wandel bewirken. Sie werden wissen, dass sie nicht andere Menschen zu verändern brauchen, sondern nur sich selbst. Da setzt Gott an.

Zum Nachdenken
Wie können Sie die Gabe der Kontemplation in Ihr Gebetsleben einbringen?

22
Prestige, Macht und Besitz

Gott hat zerstreut, die im Herzen voll Hochmut
sind. Gewaltige hat er vom Thron gestürzt und
Niedrige erhöht. Hungrige hat er erfüllt mit
Gütern und Reiche leer davongeschickt.
Lukas 1,51b–53

In ihrem großen prophetischen Gesang, dem «Magnificat», hören wir von Maria, was ebenso die durchgängige Lehre Jesu ist: Dass es drei große Hindernisse für das Kommen des Reiches Gottes gibt: Prestige, Macht und Besitz. Mit Marias Worten: Die «im Herzen voll Hochmut sind», die «Gewaltigen auf ihrem Thron» und die «Reichen». Alle diese, so sagt sie, werden «zerstreut», «gestürzt» und «leer davongeschickt». (Dieses großartige Gebet Marias wurde 1980 von der argentinischen Regierung für derart subversiv gehalten, dass sie verbot, es bei Protestmärschen zu singen!) Wir können mühelos neun Zehntel der Lehren Jesu ganz eindeutig in eine dieser drei Kategorien einordnen: Unsere Anhänglichkeiten an Prestige, Macht und Besitztümer sind Hindernisse für das Kommen Gottes.

Warum waren wir dafür blind? Aus irgendeinem Grund lokalisieren wir das Böse eher in unserem Körper als in unserem Herzen und Denken. Wir schämen uns gewaltig, dass wir leibhaftige Wesen sind, und unsere Scham äußert sich immer wieder in Süchten wie Trinken, Drogen, Sex, zu viel Essen und Körperkult. Vielleicht musste aus diesem Grund Gott in Jesus ein Leib werden! Gott musste uns zeigen, dass es gut ist, ein leibhaftiger Mensch zu sein. Das ist für die Weihnachtsbotschaft zentral und der Angelpunkt.

An keiner einzigen Stelle erklärt Jesus Sexualität zum entscheidenden Sündenthema (das sagt natürlich nichts gegen eine angemessene Sexualmoral). Sünden auf diesem Gebiet geschehen eher aus Schwäche und Sucht als aus Bosheit und Machtgier. Ja, Jesus sagt sogar, dass die Prostituierten eher in das Reich Gottes kommen als manche von uns, die allzu gern mit Prestige, Macht und Besitz ins Bett gehen (Matthäus 21,31). Denn Prestige, Macht und Besitz sind es, die das Herz abstumpfen, uns zu sehr egozentrischen Einschätzungen und Entscheidungen verführen und ganz allgemein unser spirituelles Empfinden einschläfern. Eigenartigerweise hat man dies im Christentum während eines Großteils seiner Geschichte nicht sehen wollen; wir haben das Böse in anderen Dingen lokalisiert, als Jesus es tat. In Herz und Verstand geschehen die Sünden (siehe Matthäus 5,20–48), die es uns fast unmöglich machen, den großen Zusammenhang erkennen zu können. Diese Lehre sieht man nicht gleich auf den ersten Blick, aber wenn wir in einem biblischen Text nach dem andern darauf stoßen, können wir sie nicht länger übersehen. Maria scheint lange, tief und bewundernswert gründlich hingesehen zu haben.

Zum Nachdenken
Inwiefern werden Sie von Prestige, Macht und Besitz daran gehindert, ins Reich Gottes zu kommen?

23
Konfrontation, Umkehr und Trost

Denn er ist wie das Feuer des Schmelzers und wie die Lauge des Wäschers … Er reinigt die Söhne Levis … Seht, ich sende euch den Propheten Elija, bevor der Tag des Herrn kommt, der große und furchtbare. Er wird das Herz der Väter wieder den Söhnen zuwenden und das Herz der Söhne ihren Vätern …
Maleachi 3,2–3;23–24

Diese Worte des Propheten Maleachi sind die abschließenden Worte im christlichen Kanon des Alten Testaments und liefern einen nahtlosen Übergang zum Neuen Testament. Beschrieben wird einer, der der passende Vorläufer für jeden künftigen Messias sein wird. Christen haben diese Stelle natürlich für gewöhnlich auf Johannes den Täufer bezogen, so wie das bereits Jesus selbst und die Verfasser der Evangelien getan haben. Aber dieser Text hat auch noch eine andere Bedeutung: In einigen wenigen Versen macht er deutlich, wie wir vorgehen sollen, wenn wir das Wort Gottes lesen. Wenn die Heilige Schrift in reifer Weise angewandt und zur Vorläuferin einer Begegnung mit Christus werden soll, ergeben sich drei Schritte:

Erstens konfrontiert uns das biblische Wort mit einem ungewohnt starken Bild, das über das Potenzial verfügt, uns unsere falschen Weltsichten zu nehmen. Dieses Bild ist das «Reich Gottes», die «Gottesherrschaft».

Zweitens verfügt das Bibelwort über die Kraft, uns zu einer alternativen Weltsicht zu bekehren, und zwar durch Verkündigung, Gnade, und die bloße Anziehungskraft des Guten, Wahren und Schönen (statt durch Scham, Schuldgefühl oder Angst, was alles niederschwellige Motivationen sind). Es ist nicht die Macht aggressiver Beeinflussung, sondern die Kraft der Anziehung. (Bill Wilson, der Mitbegründer der Anonymen Alkoholiker, sprach von *«attraction not promotion».*)

Drittens tröstet uns das Bibelwort und schenkt uns Tiefenheilung, indem es uns einen neuen Ort schenkt, an dem wir mit einem neuen Denken und einem neuen Herzen leben können.

Die Worte des Maleachi tun all das. Sie beschreiben das Werk des Gottesboten als «groß und furchtbar» zugleich, als wunderbar und bedrohlich in einem. Das heißt nicht, dass das Wort Gottes uns mit Feuer und Schwefel droht, sondern vielmehr, dass das Gute seine eigene Belohnung in sich trägt und das

Böse seine eigene Strafe. Wenn wir die Wahrheit tun und vernetzt in der Welt leben, wie sie wirklich ist, werden wir gesegnet sein und die Gnade kann fließen. Der Konfrontation mit dem großen Zusammenhang der Wirklichkeit wird der Trost folgen. Wenn wir dagegen eine falsche Welt des Abgetrenntseins und der Egozentrik schaffen, wird sie nicht funktionieren, und wir werden die Konsequenzen schon jetzt zu spüren bekommen. In unserer katholischen Tradition bezeichnet die Theologie genau das als moralische Lehre vom «Naturrecht». Kurz gesagt: Wir werden nicht *wegen* unserer Sünden bestraft, sondern *durch* unsere Sünden.

Wir sind immer der «Stall», in den Christus neu hineingeboren werden muss. Alles, was wir tun können, ist, unseren Stall in Aufrichtigkeit und Demut instand zu halten. Dann wird Christus gewiss darin geboren werden.

Zum Nachdenken
Wählen Sie sich eine Evangelienstelle aus, bei der Sie Trost suchen, und lassen Sie sich von ihr herausfordern.

24
Heiligabend: Rollentausch

Geh hin und sag meinem Knecht David: …
Du willst mir ein Haus bauen, damit ich darin
wohne? … Ich habe dich von der Weide hinter
dem Kleinvieh weggeholt … Ich bin mit dir
gewesen bei allem, was du unternahmst, und
habe alle deine Feinde vor dir her vertilgt. Ich
will dir einen großen Namen machen … Auch
will ich meinem Volk Israel einen Platz anweisen
… So lässt der Herr dir also verkünden, dass der
Herr dir ein Haus bauen wird … Dein Haus
und dein Königtum sollen für immer vor mir
Bestand haben. Dein Thron soll feststehen für
immer.

Aus 2 Samuel 7,5–16

Am Morgen des Heiligen Abends werden vermutlich nicht viele Menschen geistliche Betrachtungen lesen. Ich freue mich, dass Sie sich trotzdem Zeit dafür nehmen, denn ich weiß, dass Sie wahrscheinlich noch viele aufregende Vorbereitungen für heute Abend treffen müssen. Alles ist in Bereitschaft. Kein anderer Tag des Jahres dürfte derart mit Erwartungen aufgeladen sein wie der 24. Dezember. Genau genommen ist heute schon mehr Weihnachten als am Weihnachtstag selbst, denn im heutigen Tag steckt die gesamte Energie des Advents. Die Zeit ist erfüllt (vgl. Lukas 2,6). Aber da Sie für diese Betrachtung einen Moment innegehalten haben, möchte ich Ihnen einen besonders anrührenden Abschnitt aus dem Alten Testament nahebringen, einen meiner Lieblingstexte. Es handelt sich um einen wunderbaren Dialog zwischen dem Propheten Natan und König David, aus dem die wichtigsten Stellen oben angeführt sind. David will Gott einen Tempel bauen, ein Haus, aber Gott lässt verkünden, dass stattdessen Er dem David ein Haus bauen werde. Dieser Rollentausch stellt den großen Umschwung dar, aus dem von da an das zentrale biblische Thema der Gnade, Auserwählung und Initiative Gottes wird. Wie David kommen wir mit der Vorstellung, wir müssten etwas tun, um zu zeigen, dass wir Gottes Zuwendung verdienen; das biblische Bild dafür ist, dass wir Gott «ein Haus bauen» wollen. Und wie immer stellt Gott das auf den Kopf und sagt: «Nein, David, lass lieber mich dir ein Haus bauen!» (Wenn Sie wollen, lesen Sie das ganze Kapitel 2 Samuel 7. Es ist wirklich lesenswert.)

Es ist hohe Zeit, dass wir diese Geschichte, diesen Rollentausch tief in unser Inneres, in unser Unbewusstes sinken lassen. Das bereitet uns gründlich auf den kommenden Tag vor, viel besser als alles, was ich noch weiter dazu sagen könnte.

Zum Nachdenken
Versuchen Sie immer noch, für Gott ein Haus zu bauen, oder können Sie es zulassen, dass zuerst Gott eines für Sie baut?

Weihnachten
Das Fest

Und das Wort ist Fleisch geworden und hat unter
uns gewohnt und wir haben seine Herrlichkeit
geschaut, eine Herrlichkeit, wie sie der einzige
Sohn vom Vater hat, voll Gnade und Wahrheit.
Johannes 1,14

Lassen Sie mich an diesem Weihnachtstag mit einem Zitat beginnen. Es stammt aus dem 20. Jahrhundert und ist von dem englischen Schriftsteller Gilbert K. Chesterton: «Wer etwas findet, das er höher achtet als das Leben selbst, fängt von da an erst richtig zu leben an.» Jesus hat uns mit seiner Verkündigung des Reiches Gottes gesagt, was wir höher als das Leben selbst achten könnten – und das funktioniert tatsächlich! Die Bibel schließt damit, dass sie uns sagt, wir seien ein Volk, das rufen kann: «Komm, Herr Jesus!» (Offenbarung 22,20); das also mehr als *business as usual* im Kopf haben und stattdessen in einem großen Zusammenhang, in Gottes Gesamtbild leben kann. Wir müssen alle um die Gnade bitten, etwas höher zu stellen als unser kleines Leben, denn uns ist angeboten worden, Anteil zu erhalten am Leben selbst, an dem einen Leben, am Ewigen Leben, an Gottes Leben, das in Jesus in dieser Welt sichtbar geworden ist. Dahin kommen wir nicht durch Wohlanständigkeit. Wir finden den Anschluss, indem wir uns verbinden lassen. Das ist wie eine «kostenlose kabelfreie» Verbindung!

Letzten Endes können wir das Reich Gottes mit Jesus Christus selbst gleichsetzen. Wenn wir am heutigen Weihnachtsfest beten: «Komm, Herr Jesus!», dann heißt das, dass wir seine Herrschaft jedem anderen Loyalitätssystem und jedem anderen Bezugsrahmen vorziehen. Wenn Jesus der Herr ist, dann ist der Kaiser nicht der Herr! Wenn Jesus der Herr ist, dann sind die Wirtschaft und die Aktienbörse nicht der Herr! Wenn Jesus der Herr ist, dann sind mein Haus und mein Besitz, meine Familie und mein Beruf nicht der Herr! Wenn Jesus der Herr ist, dann bin nicht ich selbst der Herr! Diese vielschichtige Konsequenz war im ersten Jahrhundert den Bewohnern des Römischen Reichs recht bewusst, denn der Spruch «Der Kaiser ist der Herr!» war der Loyalitätstest des Imperiums und sein politisches Bekenntnis. Als die Christen Jesus als «Herrn» begrüßten, anstatt den römischen Kaiser als «Erlöser» zu feiern, wussten sie, dass sie damit «die Partei gewechselt» hatten – und die anderen wussten das auch.

Im Grunde suchen wir alle nach einem, dem wir uns ganz überlassen können; nach etwas, das wir höher als das Leben selbst achten können. Und da kommt diese wunderbare Überraschung: Gott ist der Einzige, dem wir uns ganz überlassen können, ohne dabei uns selbst zu verlieren. Das Paradoxe daran ist, dass wir uns bei ihm erst richtig selbst finden, und zwar jetzt in einem ganz neuen Bedeutungszusammenhang. Das erleben wir im kleineren Maßstab auch in jeder großen Liebe, und immer gehört dazu ein Sprung aus Glaube und Vertrauen, der der Zeit vorauseilt. Im Vorhinein können wir nie ganz sicher sein, ob die Liebe trägt. Unser praktischer Menschenverstand findet das zwar bedenklich, aber das ist die Verheißung, die an diesem Weihnachtstag zur Welt kam, «voller Gnade und Wahrheit». Jesus ist das Geschenk schlechthin, umsonst gegeben, ein für alle Mal gegeben, für jeden Menschen und für die gesamte Schöpfung. Der auferstandene kosmische Christus ist wirklich die «kostenlose kabelfreie» Verbindung zu Gott, und wir brauchen uns bloß anzuschließen.

Von nun an hat die Menschheit das Recht zu erfahren: Es ist gut, ein Mensch zu sein. Es ist gut, auf dieser Erde zu leben. Es ist gut, einen Leib zu haben. Denn in Jesus wählte Gott selbst unser Menschsein und sagte zum ihm «Ja». Oder wie wir Franziskaner gern sagen: «In der Menschwerdung geschieht bereits die Erlösung.» Das Problem ist gelöst. Geht jetzt hin und genießt alle weiteren Tage. Es ist nicht nur «immer Advent», sondern jeder Tag kann jetzt auch Weihnachten sein, denn der, auf den wir eben noch zu warten glaubten, ist bereits ein für alle Mal gekommen.

Zum Nachdenken
Tun Sie heute nur eines: «Kostet und seht, wie gütig der Herr ist!» (Psalm 34,9)

Bibelstellenverzeichnis

2 Samuel
7 *84*
7,5–16 *83*

Psalmen
34,9 *89*
85,11–12 *40*

Jesaja
7,14 *37*
25,6 *22*
29,24 *29*
45,24–25 *59*
48,18–19 *34*
61,1 *50*

Maleachi
3,2–3 *80*
3,23–24 *80*

Matthäus
1,3 *66*
1,5 *66*
1,6 *66*
1,19 *38*
3,2 *29*
4,14 *29*
4,17 *37*
5,14 *42*
5,20–48 *78*

6,24 *26*
6,31 *49*
6,31–33 *47*
6,34 *49*
7,21 *25*
8,8 *16*
8 *18*
11,11 *32*
13 *22*
14,8 *33*
14,11 *33*
18,14 *44, 46*
21,23–27 *53*
21,31 *78*
21,31b–32 *56*
24,42 *13*

Markus
1,7–8 *31*
1,15 *37*
1,22 *68*
1,45 *71*
10,37 *67*
10,38 *67*

Lukas
1,7 *69*
1,29 *72*
1,45 *75*
1,51b–53 *77*

1,77 *58*
2,6 *84*
4,18–19 *51*
7,24 *63*
7,28 *64*
10,22 *19*
17,20–21a *64*
17,21 *29, 65*

Johannes
1,5 *40*
1,14 *86*
3,30 *32*
5,44 *61*
10,30 *76*
14,27 *16*
14–17 *16*
15,16 *64*
17,22–23 *60*
17,23 *76*

Apostelgeschichte
2,36 *7*

Römer
1,4 *7*
8,20–23 *19*

1 Korinther
3,9 *20*

Galater
2,20–21 *60*
6,15–16 *76*

Epheser
4,13 *21*
5,1 *57*

Philipper
2,11 *7*
3,10 *20*

Kolosser
3,3 *61*

Hebräer
13,2 *73*

1 Johannes
3,2 *61*

Offenbarung des Johannes
22,20 *86*

Zum Autor

Richard Rohr, geb. 1943, Franziskanerpater, Gründer des «Zentrums für Aktion und Kontemplation» in New Mexico/USA, gehört zu den international bekannten und gefragten Vertretern einer zeitgenössischen christlichen Spiritualität. Seine Bücher sind weltweite Erfolge und wurden oft zu entscheidenden Inspirationen für gegenwärtige spirituelle Suchbewegungen. Zuletzt im Verlag Herder: «Ins Herz geschrieben. Die Weisheit der Bibel als spiritueller Weg» (2. Auflage 2009).

Vom gleichen Autor:
Eine spirituelle Entdeckungsreise

Ins Herz geschrieben
*Die Weisheit der Bibel
als spiritueller Weg*
320 Seiten | Gebunden mit
Schutzumschlag und Leseband
ISBN 978-3-451-32005-7

Richard Rohrs Verbindung von Bibeltext und gegenwärtiger Erfahrung ist ein Schlüssel, um die ganze biblische Botschaft zu verstehen und als spirituellen Weg für die Gegenwart zu entdecken.

«... eine spirituelle Bibellektüre, die für Kenner, Wenigkenner und Nichtkenner der Bibel einige Überraschungen bereithält... ein ‹Reiseführer›, der Leser zur Mitte christlicher Spiritualität begleitet.»
Norbert Copray, Publik Forum

«... ein reifes geistliches Werk ... eine erstaunliche, provokative, urchristlich anmutende prophetische Vollmacht, gepaart mit einer menschenfreundlichen Gottesliebe und Lebensfreude ... Bei Rohr bekommen biblische Worte und Begriffe, die für manche Menschen antiquiert wirken mögen, eine neue Leuchtkraft.»
Michael Th. Schulz, Psychotherapie und Seelsorge

HERDER

Für die Advents- und Weihnachtszeit

Für jeden leuchtet ein Stern
Weihnachtliche Texte von Phil Bosmans, Anselm Grün,
Andrea Schwarz, Christa Spilling-Nöker, Pierre Stutz
Herausgegeben von Ulrich Sander
224 Seiten, Paperback | Herder Spektrum Taschenbuch 6025
ISBN 978-3-451-06025-0
Das besondere Lesebuch: Texte der beliebtesten spirituellen Autorinnen und Autoren begleiten in 24 Kapiteln durch die gesamte Adventszeit.

ANSELM GRÜN
Frohe Weihnachten mit Anselm Grün
Zweifarbig gestaltet mit weihnachtlichen Vignetten
96 Seiten | Gebunden mit Goldprägung und Leseband
ISBN 978-3-451-31055-3
Anselm Grün erschließt die Motive des Weihnachtsfestes als Urbilder des Menschen. In lesefreundlicher Schrift ein besonderes Geschenk für eine besondere Zeit.

MARGOT KÄSSMANN
Meine schönsten Weihnachtsgeschichten aus aller Welt
160 Seiten, Paperback | Herder Spektrum Taschenbuch 6108
ISBN 978-3-451-06108-0
Die schönsten Weihnachtsgeschichten aus aller Welt, ausgewählt von Margot Käßmann.

PAULUS TERWITTE · MARCUS C. LEITSCHUH
Trau dich, Weihnachten neu zu entdecken
96 Seiten | Farbig illustriert mit 20 Fotografien | Klappenbroschur
ISBN 978-3-451-30087-5
Die bekannten Autoren erläutern den christlichen Hintergrund der wichtigsten Bräuche zum Weihnachtsfest und geben Anstöße für eine zeitgemäße Gestaltung des Festes, in der Familie oder als Single.

ANDREA SCHWARZ
Eigentlich ist Weihnachten ganz anders
Hoffnungstexte
160 Seiten | Gebunden | ISBN 978-3-451-29645-1
Weihnachtliche Hoffnungstexte der Bestsellerautorin Andrea Schwarz: Jenseits von Kitsch und Kommerz erinnert sie auf alltagsnahe und zum Teil verblüffende Weise an den Zauber und das Geheimnis des Weihnachtsfestes.

FRANZ KAMPHAUS
Die Sternstunde der Menschwerdung
Weihnachtliche Anstöße
140 Seiten | Mit farbigen Abbildungen | Gebunden mit Leseband
ISBN 978-3-451-31061-4
Das Weihnachtslesebuch mit Texten von Franz Kamphaus führt durch den Advent bis zum Fest der Darstellung des Herrn. Mit zahlreichen Illustrationen meisterlicher Kunst.

Die 100 schönsten Weihnachtsgeschichten
Zum Vorlesen in Familie, Kindergarten, Schule und Gemeinde
Herausgegeben von Willi Hoffsümmer
256 Seiten | Gebunden mit Leseband | ISBN 978-3-451-32000-2
Geschichten für alle Altersgruppen (vom Vorschulalter bis zu den Senioren). Mit Hinführungen, Gesprächsanregungen und Angabe der Lesedauer.

GUIDO FUCHS
Unsere Weihnachtslieder und ihre Geschichte
200 Seiten | Mit ca. 25 Abbildungen | Gebunden
ISBN 978-3-451-32278-5
Geschichten, Hintergründe und Anekdoten zu Weihnachtsliedern von den ersten Jahrhunderten des Christentums bis heute. Eine unterhaltsame Geschichte des Weihnachtsfests im Spiegel seiner Lieder.

HERDER

Titel der Originalausgabe:
Preparing for Christmas: daily reflections for Advent
2008, St. Anthony Messenger Press, Cincinnati, U.S.A.
www.SAMPBooks.org
© Richard Rohr 2008

Für die deutschsprachige Ausgabe:
© Verlag Herder GmbH, Freiburg im Breisgau 2009
Alle Rechte vorbehalten
www.herder.de

Umschlagmotiv: © Getty Images
Autorenfoto: Richard Rohr
© St. Anthony Messenger Press

Als deutsche Übersetzung der Bibeltexte ist zugrunde gelegt:
Die Bibel. Die Heilige Schrift
des Alten und Neuen Bundes.
Vollständige deutschsprachige Ausgabe   DIE BIBEL
© Verlag Herder GmbH, Freiburg im Breisgau 2005

Gesamtgestaltung:
Weiß-Freiburg GmbH – Graphik & Buchgestaltung

Herstellung: fgb · freiburger graphische betriebe
www.fgb.de

Gedruckt auf umweltfreundlichem,
chlorfrei gebleichtem Papier
Printed in Germany
ISBN 978-3-451-31060-7